Franklin explorateur

Repris d'un épisode de la série TV *Franklin* produite par Nelvana Limited, Neurones France, s.a.r.l. et Neurones Luxembourg S.A.

Basé sur les ouvrages écrits par Paulette Bourgeois et illustrés par Brenda Clark.
Adaptation de Sharon Jennings.
Illustrations de Sean Jeffrey, Mark Koren et Jelena Sisic.
Ce titre est repris de l'épisode TV *Franklin* écrit par Brian Lasenby.

Franklin est une marque de Kids Can Press Ltd.

Publié pour la première fois en 2002 par Kids Can Press Ltd., Toronto, Ontario, Canada, sous le titre *Franklin's Canoe Trip*.

ISBN : 2.01.392654.5 – 39.40.2654.01/0

Dépôt légal n° 23810 – Août 2002

Loi n° 49-956 du 16 juillet 1949 sur les publications destinées à la jeunesse.

Imprimé en Italie par Stige - Turin

Franklin
explorateur

À partir des personnages créés par Paulette Bourgeois et Brenda Clark

Adaptation française de Marie-France Floury

DEUX COQS D'OR

Franklin a déjà pris le car avec l'école. Il fait des randonnées à bicyclette avec ses copains. Il part en vacances en voiture avec sa famille. Mais aujourd'hui, il découvre une nouvelle sorte de voyage. Il va faire du canoë avec son meilleur ami Martin et leurs deux papas. Franklin est très impatient. À lui les terres inconnues ! Il se sent l'âme d'un explorateur...

Le chemin est long jusqu'au Grand Lac.

« Quand va-t-on arriver ? demande Franklin.

– J'ai hâte de partir en exploration, dit Martin.

– Nous allons peut-être découvrir un pays inconnu », ajoute Franklin.

Les deux papas préviennent leurs enfants :

« Le canoë est un sport difficile !

– Nous sommes prêts ! » répond Franklin.

Ils arrivent enfin au lac. Franklin et Martin sautent de la voiture et courent vers le rivage. Le papa de Martin leur montre un gros canot à moteur.

« Quel bateau magnifique ! » déclare-t-il.

Tout le monde est d'accord.

« Mais il n'est pas pour les explorateurs, dit Franklin. Les explorateurs font du canoë ! »

Le papa de Franklin pousse le canoë dans l'eau. Franklin et Martin se précipitent dedans.

« Attendez ! » crie le papa de Martin.

Mais c'est trop tard.

Le canoë chavire et Franklin et Martin sont jetés à l'eau.

Le papa de Franklin glousse.

« Monter en canoë, première leçon ! »

La leçon apprise, Franklin et Martin s'assoient calmement entre leurs papas, pagaies en main. Au début, ils s'aspergent abondamment. Mais bientôt ils prennent le rythme et rament efficacement.

« C'est super ! » dit Martin.

Franklin fait signe à un canot à moteur.

« Faisons la course ! » lance-t-il au conducteur.

Tout le monde éclate de rire.

Quand ils atteignent la rive d'en face, le papa de Franklin sort une carte. Franklin et Martin, eux, sortent un sandwich.

« Prenons un raccourci par la terre pour le Lac aux Mouettes, propose le papa de Martin.

– La terre ? » demande Martin.

Son papa lui explique qu'au lieu de pagayer tout autour du lac, ils transporteront le canoë sur leur dos.

« Ouais ! exulte Franklin. Comme de vrais explorateurs ! »

Franklin et Martin ouvrent le chemin. Ils chantent des chansons et s'arrêtent deci-delà pour ramasser des pierres et des pommes de pin. Le soleil monte de plus en plus haut dans le ciel et leurs sacs à dos deviennent de plus en plus lourds. Ils ne tardent pas à laisser leurs papas prendre la tête de l'équipée.

« On serait passés par ici, si on avait eu un canot à moteur ? demande Franklin.

– Non, répond son papa. Nous serions arrivés en deux heures. Mais cela prend deux jours en canoë.

– Je préférerais avoir un moteur », grogne Franklin.

Finalement, ils atteignent le Lac aux Mouettes. Cette partie du Grand Lac est marécageuse et pleine de pierres. L'air grouille de moustiques.

Franklin et Martin sont très déçus.

« On y est ? » demande Franklin.

Son papa rit.

« Non, dit-il, nous devons encore pagayer pour rejoindre la Crique Rousse.

– C'est une magnifique plage déserte, ajoute le papa de Martin. Vous pourrez y explorer tout à votre aise. »

Franklin et Martin sautent de joie.

À mi-chemin, Franklin s'arrête de pagayer.

« J'ai mal aux bras, dit-il, et je suis fatigué.

– Moi aussi, dit Martin.

– Les vrais explorateurs ne se fatiguent jamais, dit gaiement le papa de Franklin. Ils pagaient des jours et des jours sans s'arrêter.

– Pfffff ! » fait Franklin.

Un canot à moteur passe en trombe devant eux et Franklin soupire de plus belle.

Parvenus devant la Crique Rousse, Franklin et Martin s'effondrent dans le fond du canoë.

Plusieurs bateaux sont amarrés et on voit des tentes plantées tout le long de la plage.

« Oh, non ! s'exclame le papa de Franklin.

– C'est plein à craquer, râle Franklin. Pas moyen d'explorer !

– Viens, dit Martin. C'est à nous, explorateurs, de trouver le camp idéal. »

Franklin et Martin marchent jusqu'au bout de la plage. Puis ils grimpent sur une petite colline encore plus éloignée. Et là, à bonne distance des autres campeurs, Franklin découvre une minuscule anse,

« C'est l'endroit parfait, s'écrie-t-il. Pas un bateau ou une tente à l'horizon ! »

Franklin et Martin rebroussent chemin en courant et racontent leur découverte aux deux papas.

« C'est encore à une demi-heure de pagaie d'ici, dit le papa de Franklin. Je pensais que vous étiez fatigués tous les deux.

– Fatigués ? s'exclame Franklin. Les explorateurs ne sont jamais fatigués ! »

Les deux amis pagaient de toute leur force. Bientôt le canoë échoue sur un banc de sable. Tout le monde saute du canot pour le soulever et passer le banc.

« Je suis bien content que nous n'ayons pas un bateau à moteur, déclare Franklin. Il n'y a que les canoës qui puissent franchir ces obstacles ! »

Franklin et Martin aident à monter le camp et partent explorer la petite plage. Ils dessinent une carte et donnent un nom à chaque endroit découvert.

« Ici, ce sera le Lagon du Grand Ours, dit Franklin.

– Et là l'Anse de la Tortue », décide Martin.

Bientôt, l'obscurité est là. Le feu crépite et le poisson grille. Après un bain de minuit, tout le monde dîne en écoutant les clapotis de l'eau.

« Il nous reste encore une chose à explorer, dit Franklin à Martin. Notre duvet ! »

Les deux amis rient et se glissent en bâillant dans leurs sacs de couchage.

Bonne nuit, les explorateurs !